ATTENTION AU SORT !

Vous aimez les livres de la série

Salem le chat de Sabrina

Écrivez-nous pour nous faire partager votre enthousiasme :

Pocket Jeunesse - 12, avenue d'Italie - 75013 Paris

Salem
le chat de Sabrina

Attention au sort !

Mark DUBOWSKI

Traduit par Dominique Roussel

2e édition

POCKET
jeunesse

Titre original :
The King of Cats

Publié pour la première fois en 1999
par Pocket Books, États-Unis.

Loi n° 49-956 du 16 juillet 1949 sur les publications
destinées à la jeunesse : juillet 2001.

ISBN 2-266-11190-6

Tu adores les chats ?
Tu as envie de lire des histoires drôles et magiques à la fois ?
Alors, dévore les aventures hilarantes de

Salem
le chat de Sabrina*

Pour Cathy

1

Tenue de soirée exigée !

— Flûte de zut ! râla Salem Saberhagen. J'en ai super-marre de ces dessins animés où les souris gagnent à chaque fois. C'est toujours les chats qui prennent ! Quelle injustice !

D'un coup de patte, le chat noir éteignit la télé.

Salem n'était vraiment pas un chat comme les autres. Autrefois, il était

même un sorcier. Hélas, il avait voulu dominer le monde. Alors le Conseil des Sorciers l'avait puni : terminé la magie ! et Salem était condamné à passer cent ans dans la peau d'un chat !

— Les chats sont sensibles, intelligents, propres, bien élevés, dit-il à haute voix. Et ils ne sont pas des idiots !

Salem en était d'ailleurs un exemple vivant. Il lisait le journal, regardait les documentaires à la télévision et ne loupait jamais les infos de vingt heures. La famille où il vivait était formidable. Seul détail bizarre : Zelda, Hilda et leur nièce Sabrina étaient des sorcières !

— Tu parles tout seul ? demanda alors quelqu'un.

Sabrina venait de rentrer du lycée. Les mains chargées d'enveloppes et de prospectus, la jeune fille jeta un coup d'œil méfiant à Salem.

— Tu mijotes un mauvais coup ?

— Il y a du courrier pour moi ? questionna Salem sans répondre à sa pique.

— Je ne sais pas. Mais on a reçu des tonnes de messages de l'autre royaume.

L'autre royaume était le monde des sorciers. Très intrigué, Salem suivit Sabrina dans la cuisine. Elle déposa sur la table un gros paquet de lettres.

Sabrina, sourcils froncés, se tourna vers Salem :

— Cette enveloppe est pour toi. C'est le musée qui t'écrit. Pourquoi ?

— Pas de panique ! Je viens de renouveler ma carte de membre.

Sabrina lui tendit l'enveloppe à l'adresse de « Monsieur Salem Saberhagen ».

— À mon avis, ils ignorent que tu es un chat.

Salem déchira l'enveloppe. Il en sortit une invitation pour une soirée : « Cher membre, vous êtes prié d'assister à la soirée *Nil doré* du musée de Westbridge. Smoking exigé », disait le carton. Et c'était ce soir !

Sabrina lut par-dessus son épaule :

— Dis donc ! Tu ne vas quand même pas y aller ? s'inquiéta la jeune sorcière.

— Hélas non ! C'est une sortie genre IAA !

— IAA ? Qu'est-ce que ça veut dire ?

— Interdit Aux Animaux ! gémit Salem.

Il feuilleta le petit dépliant joint au courrier. Il vit de belles photos de statuettes en or et recouvertes de pierres précieuses. Des poteries anciennes magnifiquement décorées illustraient la dernière page.

— Oh non ! Trop triste de rater ça ! murmura-t-il les larmes aux yeux.

— Je te comprends, mon pauvre Salem. Tu imagines ? Ces poteries et ces statues ont voyagé dans des coffres à bord de bateaux qui ont vogué sur toutes les mers du monde.

Soudain, Salem dressa l'oreille :

— Ah oui, un coffre ! Bonne idée !

— Qu'est-ce que tu racontes ? Tu te sens bien ?

— Très bien, très bien…

Il tendit l'invitation à Sabrina :

— Comme toujours, je me sacrifie pour toi. Je te donne ma place.

La jeune fille sauta de joie.

— Voilà une idée d'enfer !

Très calme, Salem lui sourit gentiment. Sauf que, dans sa tête, il carburait au maximum !

« Victoire ! Sabrina est neutralisée ! Jamais elle ne se doutera une seule seconde que j'ai un plan génial ! »

2

"Tu rêves en direct, Sabrina !"

Toute contente, Sabrina annonça la bonne nouvelle à ses tantes.

— Devinez quoi ? Salem m'a donné son invitation. Je vais à l'exposition *Nil doré*.

— Formidable ! s'écria Zelda. L'Égypte ancienne, c'était quelque chose. J'ai bien connu cette période ! Tu sais, j'ai deux mille neuf cents ans !

— Ça ne se voit pas du tout ! plaisanta Sabrina.

— J'ai rencontré des pharaons très cool à l'époque. Des types drôles, gentils, polis, bien élevés et…

— Comme moi, quoi ! intervint Salem.

— Presque comme toi ! rectifia Zelda.

Hilda mit en garde sa nièce :

— Fais attention à la malédiction de la momie, Sabrina. Elle porte malheur ! Surtout le vendredi !

— Quand un roi d'Égypte meurt, expliqua Zelda, il devient ce qu'on appelle un Pharaon. On l'enterre en mettant dans sa tombe de l'or et des trésors dont il pourrait avoir besoin. En effet, chez les Égyptiens, la mort est une seconde vie.

— Sauf que certains sales types prenaient ces objets de valeur, ajouta Hilda.

Ils se fichaient complètement que le Pharaon n'ait plus rien.

— Ces gens étaient des voleurs ? demanda Salem.

— Exact ! continua Zelda. Alors, pour les effrayer, les Égyptiens ont inventé la malédiction. Celui qui toucherait à la tombe du pharaon serait maudit pour toujours. Il aurait éternellement la poisse !

Salem sentit des frissons le parcourir de la tête aux pieds.

— On ne peut pas changer de sujet de conversation ? Vous me flanquez la frousse avec vos histoires.

En réalité, il ne tremblait pas du tout de peur ! Il ne tenait plus en place tellement il rêvait d'aller à la soirée. Il mourait d'envie de voir tout cet or ! Car Salem aimait trois choses dans la vie : les souris, le thon et… l'or !

— Pourquoi tu t'angoisses comme ça, Salem ? Il n'y a vraiment aucun danger pour toi ! déclara Sabrina. Tu seras bien tranquille à la maison puisque tu ne viens pas ce soir !

Salem ne répondit pas. Il hocha la tête en prenant l'air rassuré :

— Tu as raison, Sabrina. Un bon bol de lait, une assiette de thon et au moins trois heures devant la télé. Bref, une petite soirée tranquille bien au chaud !

Mais, au fond de lui, il pensait : « Moi à la maison devant la télé ? Tu rêves en direct, Sabrina ! »

3

Rusé comme un chat !

Sabrina attendait Hilda qui, comme toujours, cherchait les clés de sa voiture.

— Je suis désolée, Salem. Quel dommage que tu ne puisses pas venir ! regretta la jeune fille.

— Pas grave ! En tout cas, tu es très belle dans cette robe.

Quand Hilda les rejoignit enfin, Salem eut la larme à l'œil.

— Amusez-vous bien, dit-il d'une voix toute triste.

« Je mets le paquet sinon elles vont se douter de quelque chose », pensait-il.

Hilda s'accroupit devant lui.

— Tu ne vas pas pleurer, quand même ! Ah, au fait ! Sabrina ! N'oublie pas ton appareil photo.

Elle caressa Salem puis lui piqua un petit bisou sur la tête.

Le chat s'écarta d'Hilda :

— Je déteste les bisous ! s'énerva-t-il. Pousse-toi, sinon je te griffe !

— Ouf ! Revoilà enfin notre vrai Salem ! Tu as déjà moins le cafard, pas vrai ? demanda Sabrina.

— Filez maintenant ! Vous allez être en retard, les filles ! suggéra-t-il.

Il les suivit jusqu'à la voiture. Dès qu'elles furent montées, il retourna sur le trottoir en prenant l'air le plus malheureux possible.

— Maintenant ! siffla-t-il entre ses dents. Je sens que c'est le moment.

Il renifla puis se précipita soudain vers Hilda et Sabrina.

— Emmenez-moi, les filles, supplia-t-il à genoux. Je serai sage. Je me cacherai dans ton sac, Sabrina.

Hilda secoua la tête.

— Impossible ! Même si tu étais calme, chose invraisemblable, on ne te laissera pas passer. Ils vérifieront tout à l'entrée.

Sabrina refermait la portière quand Salem sauta presque sur la voiture.

— Attendez ! Attendez !

— Quoi encore ? soupira Hilda.

— Vous avez fait les courses ce matin, n'est-ce pas ?

Sabrina ouvrit des yeux ronds :

— Oui, mais franchement, je ne vois pas le rapport avec la sortie au musée.

— Moi si ! fit Salem. Parce qu'il y a deux boîtes de thon qui sont restées dans le coffre. Je les ai cherchées partout dans la cuisine. Il faut bien que je dîne puisque tout le monde m'abandonne !

Sabrina réfléchit un instant puis posa une main sur le bras d'Hilda.

— Il a raison ! J'ai dû oublier de les rapporter à la maison. Et tu vois Salem rester à la maison sans rien manger ?

— Pas une seconde ! répondit Hilda en souriant.

— Je peux jeter un coup d'œil à l'arrière ? Vous n'aurez même pas besoin de descendre. J'attrape une boîte et je la roule jusqu'à la maison.

Hilda se pencha vers lui :

— Bon d'accord, vas-y. Dis-moi quand tu l'as, que je referme le coffre.

— Et grouille, Salem, ajouta Sabrina. Je vais être en retard à cause de toi.

Hilda appuya sur une touche du tableau de bord. La porte du coffre se souleva automatiquement. Salem se retint de crier « Hourra ! Victoire ! ».

Il fit le tour de la voiture et grimpa sur le pare-chocs. Le coffre était vide. Mais ce n'était vraiment pas le problème. Il sauta dedans et se faufila derrière la roue de secours. S'emparant d'une grosse éponge à laver les vitres, il la coinça dans la serrure. Ainsi, le coffre ne se rabattrait pas complètement.

« Parfait ! Comme ça, je ressors sans problème dès qu'on arrive. »

— C'est bon Hilda ! J'ai pris le thon ! cria-t-il très fort.

— Rentre vite à la maison ! Et bonne soirée ! lui souhaita Sabrina.

Salem sourit jusqu'aux oreilles :

— Je ne te le fais pas dire !

4

Sous le nez de Sabrina !

Une longue file de gens attendait déjà devant le musée quand les Spellman arrivèrent. Un très grand policier moustachu vérifiait les invitations devant la porte d'entrée.

— Tous ces invités en costume et robe de soirée ! C'est vraiment super ! déclara Sabrina, ravie.

— On dirait un palais ! remarqua Hilda, aussi impressionnée que sa nièce.

Quant à Salem, bien caché dans le coffre, il ouvrait grandes ses oreilles.

Il fut soulagé quand Hilda annonça qu'elle se garait.

Elle expliqua ensuite à Sabrina la suite des opérations :

— Je reviens te chercher ici dans une heure. Je t'attendrai dans la voiture, d'accord ?

— Ça marche ! répondit Sabrina. Merci de m'avoir accompagnée.

— Amuse-toi bien. Et ouvre l'œil. Tu vas admirer des choses extraordinaires.

Salem se prépara. Dès qu'il entendit Sabrina sortir, il fit de même. Il fila ensuite comme une flèche sous le capot de la voiture.

« Pourvu qu'Hilda ne démarre pas tout de suite ! se dit-il, très angoissé.

Sinon, je risque de me transformer en bouillie pour chats ! »

Il attendit encore quelques secondes puis il bondit jusqu'à la haie de buissons, en face du musée.

Prêt à déguerpir à la première alerte, il inspecta les environs.

« Tout va bien ! On ne m'a pas repéré ! »

Sabrina, elle, faisait la queue parmi les invités. La voiture d'Hilda disparut au coin de la rue.

« Sauvé ! La voie est libre ! Je passe à la phase suivante de mon plan », se dit Salem.

Il quitta sa cachette et se glissa derrière un gros pot de fleurs juste à l'entrée du musée. Il avait beaucoup progressé cette fois ! Le policier n'était plus qu'à deux mètres. Salem attendit que quelques personnes passent.

« Je dois trouver la personne avec laquelle je me glisserai ni vu ni connu. »

Soudain, il la vit. Une femme avec une grande robe de soirée qui avait... une traîne. La dame souleva légèrement son vêtement. Salem en profita. Pfuit ! En une seconde, il s'était glissé sous la robe.

« C'est comme si j'étais caché sous une table recouverte d'une longue nappe. »

Il avança dès qu'elle se remit en marche. Quand elle stoppa, il s'arrêta aussi.

— Très amusant ! Mais il ne faudrait pas que ça dure trop longtemps ! marmonna-t-il.

Enfin, il entendit du brouhaha. Des bruits de verres, de rires et de conversations. « Nous sommes sûrement dans la salle du cocktail. C'est toujours comme ça avant la visite privée d'une exposition. »

Il souleva un peu la robe de la dame. De l'autre côté de la pièce, Sabrina sirotait un jus d'orange. Gagné ! Il ne s'était pas trompé du tout…

Le chat décampa sous une table. Lorsqu'il tourna la tête, il crut rêver. La salle d'exposition était à quelques petits mètres de lui…

— Bravo ! Vive moi ! J'ai réussi ! murmura Salem, enchanté.

5

Douze chats et une souris !

« Quel dommage qu'on n'ait pas le droit de circuler en patins à roulettes dans les musées ! Ce serait tellement plus simple ! » se dit Salem.

Tout d'abord, il repéra les lieux. En face de lui, un grand escalier. De chaque côté, il découvrit deux galeries.

— Ce sont sûrement les deux salles de l'exposition !

Il quitta sa cachette et longea le mur en faisant le moins de bruit possible. Un écriteau à l'entrée d'une des salles indiquait « Les Pyramides d'Égypte ».

C'étaient les grands monuments où reposaient les rois d'Égypte et leurs familles, se souvint Salem.

Son cœur battit un peu plus vite. Il entra. Les murs de la galerie étaient recouverts de photos. La première montrait le Sphinx géant.

— Pile ma statue préférée !

Le corps du Sphinx était celui d'un lion et sa tête celle d'un immense pharaon. On aurait dit un très grand chat.

Son œil fut alors attiré par une espèce de grand vase quatre fois plus haut que lui. La jarre se trouvait dans la salle voisine. Salem trottina jusqu'à elle. En fait, il y en avait des douzaines. Elles

étaient craquelées et abîmées mais les couleurs restaient pimpantes. Quand il vit l'une d'elles de plus près, il faillit s'étrangler :

— Ça alors ! Elle a l'air toute neuve ! Oh, je rêve ! Elle est décorée de chats.

Salem fit le tour de l'objet. Les chats avaient l'air de courir. Quand il parvint de l'autre côté de la jarre, il manqua de s'évanouir !

— Les douze chats cavalent après... une souris !

Juste au-dessous, quelque chose était écrit. Salem s'approcha. Heureusement qu'il lisait la langue des Égyptiens. Sinon il n'aurait rien compris à ces hiéroglyphes. Dans l'Égypte ancienne, on faisait une phrase de façon très amusante : on dessinait chacun des mots au lieu de les écrire.

Salem décrypta l'énigme à haute voix :

— « Quelle heure est-il quand douze chats font la chasse à une seule souris ? »

Salem se gratta derrière l'oreille.

— Aucune idée. Tant pis ! C'est trop tordu comme blague !

Au-dessous de la devinette, il vit alors une autre ligne de petits dessins.

— Chouette ! La réponse !

Sauf qu'il avait tout faux ! Il était écrit : « *Tant que vous n'aurez pas trouvé la réponse, la malchance régnera sur votre vie, sur votre maison et sur tous ceux qui y habitent.* »

6

Merci et adieu, Sabrina !

Salem se secoua. Il essaya de ne plus penser à cette inquiétante prédiction. Il visitait une expo ! Rien de plus ! Il n'allait quand même pas croire à ces histoires de mauvais sort !

À ce moment-là, une lumière aveuglante envahit la pièce.

Quelqu'un le souleva de terre et l'emporta. Il eut si peur qu'il ferma les yeux.

« Je ne veux pas voir qui m'embarque ! Ça sent trop le mauvais plan ! »

Il entendit alors une voix douce et tendre qui l'appelait.

— … Saaa-lem…

Un ange l'avait pris en pitié et était descendu sur Terre ! Surpris, Salem ouvrit les yeux.

— Je n'ai qu'une chose à te demander, supplia Salem. Révèle-moi la réponse à l'énigme. Je ne sais pas qui tu es mais j'ai besoin d'un coup de main. S'il te plaît. Dis-moi : « Quelle heure est-il quand douze chats courent après une seule souris ? »

— Tu es tombé sur la tête ou quoi ? cria la voix.

Et soudain Salem comprit. Cet ange n'était pas un ange du tout ! C'était une sorcière super-casse-pieds qui s'appelait Sabrina.

Salem ouvrit les yeux. Des taches de lumière colorées flottaient devant lui. Il s'était sûrement évanoui. En tout cas, il avait eu un malaise. Et le visage penché sur lui appartenait bel et bien à son amie.

— J'ai la nausée, bafouilla-t-il. Je me sens tout vaseux !

— Tu m'étonnes ! Je visite tranquillement l'exposition et j'entre dans la salle aux Jarres. Et je vois quoi ? Mon chat préféré étendu au beau milieu ! Tu m'as fait une de ces peurs ! J'ai cru que tu étais mort !

Salem, bien au contraire, se sentait très vivant. Mais il ne reconnut pas l'endroit où ils se trouvaient. Ils étaient entourés de statues de chats en or et ornées de pierres précieuses.

— Où sommes-nous ?

— Je t'ai transporté dans une autre pièce du musée. Nous sommes dans la salle du « Repaire des chats ». Est-ce que tu te souviens de ce qui s'est passé ?

— Je regardais une jarre avec douze chats qui coursaient une souris. Il y avait une devinette gravée sur le vase. Je m'amusais à chercher la réponse quand, soudain, quelque chose m'a aveuglé… Et maintenant, dit-il les larmes aux yeux, nous devons nous dire au revoir. Merci pour tout. Quand je t'ai embêtée l'autre jour, crois-moi, je…

— Ça ne va pas, non ? Qu'est-ce qui te prend ? s'énerva la jeune sorcière.

Salem ouvrit des yeux ronds. Elle ne comprenait rien ! Sabrina n'avait pas saisi la gravité de la situation.

Salem déclara alors d'un ton dramatique :

— Mais tu ne m’as pas écouté ? Je n’ai pas répondu à l’énigme. Je suis maudit. Et tu le seras aussi si tu ne t’éloignes pas de moi ! Désormais je suis un chat qui porte la poisse. Adieu Sabrina !

7

Arrête de paniquer, Salem !

Sabrina fut stupéfaite. Puis elle secoua énergiqucment la tête :

— N'importe quoi ! Je sais très bien ce qui s'est passé, moi ! Rien à voir avec un sort ! L'éclair quc tu as vu, c'était mon appareil photo. Tu es vraiment bête.

— Quoi ? s'exclama Salem en se redressant.

— Je prenais la jarre en photo quand je t'ai vu allongé par terre.

Les poings sur les hanches, elle contempla son chat avec sévérité :

— Alors, s'il te plaît, ne me raconte pas d'histoires ! La vraie question est : « Qu'est-ce que tu fais ici ? » Je suis furieuse. Tu avais promis de rester à la maison.

Salem se sentit plus mal que jamais.

— Entre la malédiction et la colère de Sabrina, franchement, j'hésite ! marmonna-t-il.

Il jeta un regard en coin à la jeune sorcière. Oh, oh, elle était très très en colère. Alors il fit ce qu'il faisait toujours dans ces cas-là. Il passa au plan B. Le plan B était le suivant : la supplier à genoux en demandant pardon. Il s'agenouilla donc et, les pattes jointes, il prit l'air désespéré.

— Sabrina, je t'en supplie, excuse-moi… pleurnicha-t-il.

Elle fronça les sourcils.

— Stop ! Je déteste quand tu fais ça… parce que ça marche toujours ! Je suis trop sensible, tiens !

Elle se pencha sur lui et expliqua d'une voix plus douce :

— Arrête de paniquer ! Cette devinette, ou plutôt l'énigme inscrite sur cette amphore, c'est pour rire, Salem. Ce sont des inventions des Égyptiens pour effrayer les gens.

Salcm se rassura : elle avait peut-être raison.

— Bon, maintenant il s'agit de sortir d'ici sans se faire repérer. Salem ! Tu viens ou tu restes sans bouger jusqu'au restant de tes jours ?

Il suivit Sabrina dans un long couloir tout sombre.

— Regarde ! s'écria Salem.

Il montrait l'écriteau « déviation » qui indiquait un passage. Pas très rassurés, ils arrivèrent au bout de quelques minutes devant une porte.

— Qu'est-ce qu'on fait ? demanda Salem de plus en plus anxieux. Qui sait sur quoi on va tomber ? Ou sur qui, ajouta-t-il, effrayé.

— Mais tu délires complètement, mon pauvre ! À mon avis, on descend dans la réserve du musée.

Elle avait raison. Dès qu'ils franchirent la porte, ils entrèrent dans une remise remplie de caisses en bois.

— J'ai l'impression d'être dans une tombe ! murmura Sabrina, mal à l'aise.

— Ne dis pas des choses pareilles ! Tu vas nous porter malheur ! chuchota Salem.

Il aperçut une seconde porte. Sabrina s'approcha et l'examina avec attention.

— Où ça mène, à ton avis ? Et si elle débouchait sur les enfers ? s'inquiéta-t-il.

Sabrina haussa les épaules puis l'ouvrit. Sauvés ! Ils étaient dehors !

— Ouf ! soupira la jeune sorcière. Nous sommes de l'autre côté du musée. Et regarde là-bas, tu vois ?

Salem tourna la tête : la voiture d'Hilda attendait au coin de la rue.

— Allons-y ! Prends-moi dans tes bras. Je suis incapable de marcher. Je me sens au bord de la crise de nerfs !

8

Presque sauvés !

— Mais d'où il sort, celui-ci ? s'exclama Hilda en voyant Salem.

Sabrina croisa les bras :

— Devine ! Monsieur a fait le mur pour assister à l'expo ! Je l'ai trouvé à moitié évanoui dans une salle ! Il a eu une petite frayeur à cause de l'éclair de mon appareil photo !

— Pas du tout ! s'énerva Salem. J'ai été ensorcelé. Depuis, je suis maudit !

Hilda n'en revenait pas.

— Qu'est-ce qu'il raconte ? Il a reçu un coup sur la tête ou quoi ? Dis-moi, Sabrina, est-ce que tu as assommé Salem ?

— J'aurais pu, tellement il est casse-pieds ! répondit la jeune sorcière. Sauf que je suis trop gentille avec lui ! Comme d'habitude !

Hilda démarra. Aussitôt, Salem trouva que quelque chose n'allait pas.

— Vous n'avez pas l'impression que la voiture penche d'un côté ?

— Si ! Quelque chose ne tourne pas rond.

Hilda se gara sur le bas-côté et descendit inspecter l'extérieur.

— On a un pneu crevé ! annonça-t-elle. Il ne manquait plus que ça !

Salem roula des yeux horrifiés.

— J'en étais sûr ! La malédiction ! Tu vois, Sabrina ? J'avais raison. Pourquoi tu ne m'écoutes jamais ?

— Moi ? Quel culot ! Je ne fais que ça matin, midi et soir. Tiens, d'ailleurs, je vais changer de méthode. Je me bouche les oreilles. Et plus un mot ou tu rentres à pied.

Le silence se fit. Salem et Sabrina froncèrent les sourcils. Le bruit que faisait le pneu crevé était vraiment bizarre.

— Ce son est étrange, dit Sabrina.

— J'en ai bien peur. On dirait qu'au moins douze chats…

— … sifflent en même temps !

Salem, tout tremblant, se tassa dans un coin de la voiture.

— Exactement comme ceux qui étaient peints sur le vase ! chuchota-t-il.

9

Seul au monde !

Une journée s'était écoulée depuis la visite au musée. Hélas, Salem avait toujours aussi peur. Personne ne savait comment le calmer. Sabrina fit une nouvelle tentative en début de matinée.

— C'est un hasard d'avoir crevé sur le chemin. Comme on était un peu stressés, on a cru que douze chats sifflaient. Point à la ligne.

Salem secoua la tête.

— Pas du tout ! Je suis maudit ! La preuve, depuis ce matin, tout va mal.

— Je suis sûre que tu en rajoutes ! Et puis j'en ai assez de t'entendre te plaindre !

— Mais enfin, Sabrina ! Je suis sérieux, insista Salem. Il faut que tu m'aides à trouver la réponse. N'oublie pas que la malédiction concerne ma maison et mon entourage. Alors ne fais pas trop la maligne !

Sabrina soupira.

— Bon allez, redis-moi ton énigme à la noix.

Pour une fois, Salem s'empressa de lui obéir.

— « Quelle heure est-il quand douze chats chassent la même souris ? »

La jeune fille se concentra. Elle réfléchit mais ne trouva rien.

— Cette question est idiote ! On dirait vraiment une blague pour faire enrager les chats et casser les pieds des jeunes sorcières !

— SABRINA ! hurla Salem, hors de lui. Ne plaisante pas avec ces choses-là !

— J'ai super-soif tout d'un coup, lança Sabrina. Et ça, ce n'est pas une blague.

Elle ouvrit le placard.

— Où sont passés tous les verres ?

Salem lui désigna de la patte un tas de verre brisé sous la table.

— Tu as passé tes nerfs dessus ou quoi ? D'habitude, tu fais très attention.

— Mais j'ai fait gaffe ! gémit-il. J'épluchais une orange quand…

— Tu as brisé tous les verres en épluchant une orange ? Tu te fiches de moi ?

— Tu me laisses finir, oui ? Je reprends : Zelda faisait la vaisselle, j'épluchais une orange quand soudain…

Une grosse larme roula sur son museau. Sabrina se rapprocha de lui :

— Ne te mets pas dans un état pareil !

— … quand soudain, poursuivit-il, je suis monté sur l'évier pour parler avec elle. Du coup, j'ai lâché l'orange, qui a heurté les verres en train de sécher. Résultat : un vrai jeu de quilles ! le fruit a cassé toute la vaisselle !

— Je ne savais pas que tu aimais le bowling, se moqua Sabrina. En tout cas, tu m'as l'air doué.

— Je suis nul à ce jeu ! Tout le monde le sait depuis des siècles ! cria Salem, furieux. Et je n'y suis pour rien. C'est la malédiction.

Sabrina fit comme si elle n'avait pas entendu cette dernière remarque.

— Ne t'en fais pas, je vais réparer les dégâts.

Elle pointa du doigt les morceaux cassés en déclarant d'une voix claire et forte :

— *Et un, deux, trois, que tout redevienne beau et neuf.*

Aussitôt, les verres se reconstituèrent. Puis ils se rangèrent tout seuls dans le placard.

— Et maintenant, je pars au lycée.

Salem se mit à genoux :

— Non ! Pitié ! Ne me laisse pas seul ! Je te ferai un mot d'excuse.

— Non merci !

Lorsqu'elle revint du lycée, Sabrina n'en crut pas ses yeux.

La machine à laver avait débordé.

Le camion de la poste avait enfoncé la boîte aux lettres.

L'alarme de la maison retentissait sans fin.

La jeune fille se précipita pour arrêter le vacarme. Une fois le calme revenu, elle rejoignit Salem blotti au fond du canapé.

— Je ne pense pas que tu sois maudit. Mais j'aimerais bien que tu n'entres pas dans ma chambre en mon absence, lui dit-elle.

« J'en étais sûr ! songea Salem. Elle me laisse tomber ! Je suis seul au monde… et maudit ! »

10

"Sois relax et tais-toi !"

— Bon, puisque tu es si angoissé, décida Sabrina, on va demander l'aide de Tante Zelda et de Tante Hilda.

Salem en resta sans voix. Puis il retrouva sa langue.

— Tu rigoles ou quoi ? Quand je leur ai parlé du pneu crevé, elles m'ont envoyé promener. Elles ont dit que ce n'était pas une preuve suffisante. Elles trouvent que je suis trop stressé.

— Salem ! Sois relax et tais-toi ! Tu vois bien que je cherche une solution.

La jeune sorcière se leva de son lit. Sourcils froncés, elle marcha de long en large dans sa chambre.

— Quand elles apprendront pour la machine à laver, les verres cassés et l'alarme d'incendie, elles vont peut-être changer d'avis... Allez, quoi ! L'une d'elles a sûrement un pouvoir contre les malédictions ! Si, bien sûr, ça existe.

Salem siffla en montrant les griffes.

— Tu n'as plus d'humour ! s'énerva Sabrina. C'est bien plus grave que d'être maudit !

— Et si Zelda et Hilda n'ont aucun pouvoir contre les sorts ?

— Elles en inventeront un !

— Tu as le moral, toi !

Sabrina avait en effet tort sur un point : ses tantes ne pouvaient créer de sort. En revanche, elles furent convaincues que quelque chose ne tournait pas rond.

— L'alarme d'incendie a été enclenchée, la boîte aux lettres est démolie, déclara Zelda.

— Et ce matin, tous les verres de la maison ont été cassés, ajouta Hilda.

Elles se tournèrent vers Salem. Celui-ci recula :

— Je n'ai rien fait ! C'est la malédiction ! Mais tout s'arrangera très bientôt, n'est-ce pas ?

Sabrina regarda ses tantes :

— Je lui ai promis que vous alliez l'aider. On pourrait par exemple résoudre cette satanée énigme. Histoire de prouver que ça n'a rien à voir avec la situation.

Zelda secoua la tête.

— Non, Sabrina. Nous avons des formules magiques pour régler plein de problèmes mais aucune pour les devinettes.

— Qu'a-t-elle, cette énigme ? Est-elle si compliquée ? intervint Hilda.

Salem secoua la tête tristement :

— Elle provient d'une jarre qui est vieille d'au moins cinq mille ans ! Comment trouver la réponse d'une devinette vieille de cinq mille ans ?

Personne ne répondit. Pour la première fois depuis deux jours, Sabrina se fit du souci. Elle échangea un regard angoissé avec ses deux tantes.

— Et s'il avait raison ? murmura la jeune fille. Et si le sort tombait vraiment sur nous et sur la maison ? Imaginez que, dès demain, on ait des super-problèmes ?

— Impossible ! répondit Salem.

— Quoi ? s'écrièrent Hilda, Zelda et Sabrina.

— Nous avons *déjà* des super-problèmes !

11

Le cauchemar continue !

— Allons faire un petit tour en Égypte, suggéra Hilda.

— Quoi ? On part en vacances ? glapit Salem. Tu es tombée sur la tête ? Je suis maudit et toi tu veux aller bronzer sur une plage ?

Zelda intervint aussitôt :

— Mais non, idiot ! On part dans l'Égypte de l'Antiquité ! La clé de ton énigme se trouve sûrement là-bas. Malheureusement, Sabrina, tu ne peux pas venir avec nous puisque tu as classe demain.

Comme n'importe quelle sorcière, Sabrina pouvait voyager à travers le temps. Mais uniquement les jours fériés et pendant les vacances scolaires. Ses tantes n'autorisaient aucune sortie les jours de semaine.

— C'est la règle du jeu ! dit la jeune fille.

Salem, Hilda et Zelda se rapprochèrent les uns des autres.

— *Tremble tremble, mon beau Nil bleu*, murmura Hilda les yeux fermés.

Au moment où elle prononça ces paroles, tous les trois disparurent de Westbridge, aux États-Unis d'Amérique. Ils foncèrent vers le sud-est en traversant le ciel au-dessus de l'océan Atlantique. Ils survolèrent l'Afrique. Enfin les berges ensoleillées du Nil, de l'Égypte de l'Antiquité, apparurent.

Quelques secondes plus tard, ils se posaient dans une rue commerçante du Caire, trois mille ans plus tôt.

— On va illico chez Chéops, lança Hilda. Ce type-là est extraordinaire.

Salem se tourna vers Zelda.

— On trouve pratiquement tout chez lui. Même la réponse à des énigmes, lui expliqua-t-elle.

— Je croyais que Chéops était le nom d'un roi d'Égypte ! fit le chat qui trouvait ce plan un peu louche.

Ils arrivaient devant un stand où flottait une grande banderole : « Chéops, le roi des bonnes affaires. »

— En réalité, il s'appelle Shadrack, murmura Hilda à voix basse. Il a emprunté son nom au Pharaon.

Le trio se fraya un chemin parmi la foule. Enfin, Salem vit de plus près l'individu. Il souriait de toutes ses dents et n'avait pas l'air dangereux.

— Salut, Shad ! cria Zelda.

— Eh ! Les deux plus belles filles d'Égypte ! Comment ça va, vous deux ? Quoi de neuf ? Ça fait des siècles qu'on ne s'est pas vus !

— Je ne te le fais pas dire, chuchota Hilda.

— Que puis-je pour vous ? s'enquit Shad.

Hilda montra Salem du doigt.

— Je te présente Salem. Autrefois, il était magicien. Il a quelques petits ennuis. Du coup, le Conseil des Sorciers l'a un peu transformé…

« Un peu ? Complètement, oui ! » songea Salem.

Shad réfléchit un instant.

— Ça me rappelle quelque chose, cette histoire. Tous les journaux en parlaient. Tu n'as pas essayé de dominer le monde, par hasard ? Mon pauvre ! Si, je te reconnais ! C'est toi ! Quelle horreur ! Transformé en chat !

Salem, qui commençait à s'énerver, changea de sujet de conversation :

— J'ai un autre problème sur les bras en attendant. J'ai lu une devinette dans un musée égyptien. Depuis…

— Depuis, il est très perturbé, coupa Hilda. Et quand Salem est perturbé, nous le sommes aussi.

— Bon, allez-y. J'ai peut-être des infos.

Salem respira un bon coup puis se lança :

— « Quelle heure est-il quand douze chats chassent une seule souris ? »

Shad se gratta le menton, puis le crâne. Il leva les yeux en fronçant les sourcils. Ensuite, il regarda attentivement ses chaussures.

« Oh non ! se dit Salem. Il ne sait pas ! Il n'ose pas nous le dire ! »

— Je vais voir, annonça-t-il.

Il s'agenouilla et retira une boîte en bois de sous sa table. Il la déposa devant Salem puis l'ouvrit avec une clé minuscule. À l'intérieur, le chat vit une série de petites amphores en porcelaine refermées avec un bouchon en liège.

— Dans chaque amphore, se trouve la réponse à l'énigme qui est gravée dessus.

Il souleva les étiquettes de deux ou trois mini-jarres. Puis il trouva enfin ce qu'il cherchait. Salem aussi !

— C'est celle-là ! C'est celle-là ! Je reconnais les douze chats ! Oh, mon Dieu, je vais être guéri !

Zelda et Hilda se précipitèrent sur Salem.

— Tu es fou ou quoi ! Ne crie pas ! Imagine qu'un Égyptien voie un chat surexcité en train de hurler comme un dingue !

— D'accord, d'accord, lâchez-moi ! Je ne dis plus rien, marmonna Salem.

Shad remit la bouteille à Hilda tout en la mettant en garde :

— Ouvrez-la avec précaution. L'amphore donnera alors la solution. Pour raison de sécurité, la réponse n'est jamais sur papier. Une voix vous la dit, mais une seule fois. De plus, c'est la dernière de cet exemplaire. Je n'en ai plus en stock. Faites très attention.

À l'instant où il tendait l'objet à Hilda, Shad éternua. La bouteille lui glissa des mains. La mini-jarre tomba sur le trottoir et explosa en mille morceaux !

Il y avait tellement de bruit dans le marché qu'aucun d'eux n'entendit la réponse. Salem regarda fixement l'amphore éparpillée sur le sol.

— Quel cauchemar ! Dites-moi que je vais me réveiller !

12

La poisse matin, midi et soir

Dès le retour à Westbridge, Hilda, Zelda et Salem prirent quelques précautions. Désormais, tout le monde — y compris Sabrina — en était sûr : Salem portait bel et bien la poisse. Toute la belle vaisselle fut rangée au grenier. Les Spellman ne mangeaient plus que dans des assiettes en carton. Pour les jus d'orange et l'eau, elles utilisaient des gobelets en plastique.

Sabrina fabriqua même des affichettes qu'elle colla partout dans la maison.

« En cas de malheur ! » disaient-elles.

Ce matin-là, Salem, qui n'avait pas dormi de la nuit, les parcourut une à une.

Dans le couloir, il aperçut « comment reconnaître un serpent venimeux ou une araignée tueuse ». En descendant à la cuisine, il relut à haute voix : « Comment envoyer un SOS ou composer le 17 pour appeler les pompiers sans s'électrocuter. »

Déprimé, il traîna la patte jusqu'à la salle de bains où il trouva sur la porte : « Comment pratiquer des signaux de fumée pour prévenir que quelqu'un est tombé dans sa baignoire et ne peut pas se relever… »

Sabrina s'approcha à pas lents de son chat :

— Tu sais, Salem, à force de faire attention à tout, ça devient un réflexe. On n'y pense même plus. C'est automatique.

— Si tu crois que ça me console ! J'ai l'impression qu'on vit en prison. Avec un règlement atroce affiché à l'entrée de chaque pièce.

Hélas, malgré toutes les précautions prises, des tas de choses bizarres survenaient sans arrêt dans la maison des Spellman.

Et ce jour-là, le pire arriva en fin de journée.

Zelda entra comme une folle dans la maison.

— J'en ai marre ! hurla-t-elle. Salem ! Ce n'est plus possible.

Salem et Sabrina se précipitèrent dans l'entrée.

— Qu'est-ce qu'il y a ? Rien de grave, j'espère ? demanda Salem.

Zelda le fusilla du regard :

— Si, c'est grave ! La porte du garage s'est refermée sur ma nouvelle voiture. Elle l'a complètement écrabouillée. Je viens de l'acheter il y a une demi-heure.

Puis ce fut Hilda qui dévala les escaliers quatre à quatre :

— Qui a versé du vernis à ongles dans mon violon ?

Elle vit alors Salem qui baissait la tête puis soupira.

— C'est bon, j'ai compris. La poisse continue, grommela-t-elle entre ses dents.

Elles s'enfermèrent toutes les deux dans leur chambre.

— Cette fois, je suis fichu ! sanglota Salem. Elles me détestent.

— Mais non ! le consola Sabrina. Elles savent bien que tu es le premier à en souffrir. Je te parie qu'elles s'excusent au dîner.

Mais elle se trompait. À compter de ce jour, ni Hilda ni Zelda ne parlèrent plus à Salem.

13

Seul au monde !

Lorsqu'elle revint de l'école, Sabrina ne trouva pas Salem à sa place habituelle dans la cuisine.

« Ça alors ! Où est-il passé ? »

Elle inspecta la maison de fond en comble. Il ne restait plus que le jardin et la terrasse ! Elle le vit, assis tout seul, sur le balcon.

— Salem ! Mais qu'est-ce que tu fais dehors ? On gèle !

— Tes tantes m'ont chassé ! Je suis condamné à vivre dehors ! Interdiction de pénétrer dans la maison ! Je crée trop d'accidents avec mon mauvais sort.

— Mais c'est atroce ! s'écria Sabrina.

— Eh oui ! Je n'ai plus le droit de regarder la télé. Et à partir de ce jour, je prends mes repas dans le jardin.

Sabrina ne savait plus quoi dire. D'un côté, elle trouvait ses tantes injustes. Mais elle savait aussi que Zelda et Hilda n'en pouvaient plus ! Comment consoler Salem ?

À cet instant précis, elle entendit un drôle de bruit. Une sorte de roulement de tambour. Quelle nouvelle catastrophe allait leur tomber dessus ? Une violente rafale de vent secoua les branches du jardin. Puis de grosses gouttes de pluie tombèrent. Salem secoua la tête.

— On dirait que je traîne mon mauvais sort partout où je vais.

Sabrina baissa la tête. Soudain, elle se releva et se secoua :

— Pas question de baisser les bras. Je vais chercher un parapluie. Je reviens tout de suite. Courage ! Je vais trouver une solution ! Après tout, je suis sorcière, non ? Compte sur moi !

Un peu réconforté, Salem la suivit des yeux :

— D'accord, Sabrina. Mais fais vite ! Je n'ai plus que toi.

14

"J'ai trouvé !"

Sabrina se mit en quatre pour Salem. Mais rien ne remontait le moral du chat.

— La seule chose qui me rendrait heureux, c'est de trouver la solution de l'énigme.

— Tu as raison, soupira Sabrina. Il faut absolument que le mauvais sort s'inverse. On a essayé tellement de choses, je suis à court d'idées.

Le chat fit la moue :

— Pourtant, Zelda a trouvé une réponse, elle ! Elle m'a fichu dehors !

— Elle n'en peut plus ! Elle est supertriste ! Je suis sûre qu'elle est aussi malheureuse que toi ! le consola Sabrina.

Elle s'installa à côté de lui :

— Moi aussi d'ailleurs. Je ne pense qu'à cette devinette à la noix. Matin, midi et soir ! À mon avis, j'ai planché sur l'énigme au moins douze heures.

— Quoi ? Qu'est-ce que tu as dit ? Vite, répète ! supplia Salem.

Éberluée, Sabrina le regarda avec inquiétude :

— Mais de quoi tu parles ?

— Redis les deux dernières phrases que tu viens de prononcer.

— « Je ne pense qu'à cette devinette à la noix. Matin, midi et soir ! »

— Non ! s'énerva Salem. La suite ! Juste après !

Sabrina préféra ne pas le contrarier. Il avait l'air surexcité.

— « À mon avis, j'ai planché sur l'énigme au moins douze heures », répéta la jeune fille.

— J'AI TROUVÉ ! J'AI TROUVÉ ! hurla Salem, fou de joie.

15

Ultra-top pressés !

Sabrina se releva d'un bond.

— Tu blagues ?

— Non, je ne plaisante pas du tout. Est-ce que l'expo sur l'Égypte continue encore ?

— Au musée, tu veux dire ? Elle se termine ce soir.

— Nous n'avons plus beaucoup de temps. Nous sommes déjà en fin d'après-midi et ça m'étonnerait que…

Soudain, un cri affreux l'interrompit.

— Salem ! hurla Hilda. Tu n'es pas autorisé à entrer dans la maison !

Elle leva les yeux vers le lustre qui se balançait au-dessus d'elle.

— Pitié ! murmura-t-elle, effrayée.

Zelda, attirée par le hurlement d'Hilda, se précipita vers eux.

— Sabrina ! Fais-le sortir ! Vite !

— Ne t'en fais pas, tante Zelda. Il a trouvé la solution. On est juste entrés pour vérifier quelque chose. Bientôt, tout ira bien.

— SORTEZ ! glapit Zelda.

Ils ne se le firent pas dire deux fois. Dès qu'ils furent dehors, Salem posa LA question.

— Quelle heure est-il ?

Le cœur battant, il attendit la réponse. Il avait tellement peur qu'il en ferma les yeux.

— Cinq heures quarante.

— À quelle heure ferme le musée ?

— Dans vingt minutes, répondit Sabrina, le cœur serré.

— Alors nous sommes ultra-top pressés ! déclara une voix derrière eux.

C'était Hilda. Et Zelda se tenait juste à côté d'elle.

— On vous emmène en voiture, proposa Zelda.

Salem en eut les larmes aux yeux. Et surtout, il retrouva tout son courage.

— Merci les filles ! J'ai toujours la poisse mais, grâce à vous, je n'ai plus le cafard.

16

Vive la pluie !

— La dernière fois, il nous a fallu environ vingt minutes pour aller au musée, indiqua Salem, pas très rassuré. Même si on arrive à temps…

— Pas de souci, le rassura Hilda. On ne mettra que quelques secondes. Cas de force majeure !

Zelda, Hilda et Sabrina fermèrent les yeux et récitèrent une formule magique.

Dix secondes plus tard, la voiture se garait devant le musée.

— Ce moyen de transport est vraiment génial ! fit Sabrina, ravie.

Salem la calma tout de suite :

— Bravo pour la ruse, mais maintenant il faut trouver un plan très vite ! Regardez !

En effet, le garde secoua la tête quand un retardataire voulut entrer. Il lui désigna la pancarte « Fermé - Exposition terminée ». Les visiteurs quittaient le bâtiment par groupes.

Salem sortit de la voiture. Il pleuvait des trombes d'eau.

— Je vais essayer quand même. Venez avec moi mais restez un peu derrière.

— Que comptes-tu faire ? questionna Zelda qui grelottait.

— Aucune idée.

— Tu ferais mieux de savoir ! observa Sabrina. Il te reste à peine une minute.

Hilda gémit en levant les yeux au ciel :

— En plus, il pleut. Je suis trempée. On va tous attraper froid. Grouille-toi, Salem !

Mais Salem, lui, examinait le gardien. Il avait l'air plutôt sympathique. Une idée germa soudain dans son esprit.

— J'y vais, les filles. Mais seul.

— Cours ! Vite ! Il ferme dans trente secondes, glissa Sabrina, très inquiète.

Mais Salem ne courut pas du tout. Au contraire, il avança en traînant la patte. Arrivé en haut des marches, le chat ralentit encore plus.

— Miaou ! dit-il d'un ton plaintif.

Le garde le vit alors. Il se pencha avec un bon sourire.

— Salut, toi ! Ça n'a pas l'air d'aller ! Il fait mauvais dehors. Et les chats n'aiment pas la pluie, pas vrai ?

L'homme le prit dans ses bras.

— Allez, tu restes au chaud avec moi. De toute façon, l'expo est finie. Dès que le temps se calmera, tu repartiras.

Le garde referma derrière eux les deux grandes portes du musée. Salem était entré. Dehors, trois sorcières s'embrassaient, sautaient de joie en criant :

— Il a réussi ! Il a réussi !

17

L'heure de vérité !

Dès que le garde reposa Salem par terre, celui-ci détala comme un obus.

— Hé ! Le chat ! Reviens ! cria l'homme.

Toutes les salles de l'exposition étaient plongées dans l'obscurité.

— Heureusement que les chats voient dans le noir ! pesta Salem.

Derrière lui, il entendait le garde :

— Reviens ! Je n'ai pas le droit de te laisser te promener !

Salem traversa le hall des pyramides comme une comète. Dès qu'il vit le Sphinx, il tourna à droite.

— Enfin ! Je reconnais le chemin.

Il accéléra encore plus. Il tendit l'oreille. Cette fois, il avait semé le gardien. Devant lui, il aperçut la grande salle des amphores. Il repéra la jarre des douze chats en un clin d'œil.

— À nous deux, maintenant !

Il relut à haute voix l'énigme :

— « Quelle heure est-il quand douze chats chassent une souris ? »

Il sourit jusqu'aux oreilles et, soudain, il hurla de toutes ses forces :

— IL EST MIDI, L'HEURE DU DÉJEUNER, PAUVRE POMME !

CES CHATS COURENT APRÈS LA SOURIS PARCE QU'ILS ONT FAIM !

À cet instant, une petit brise se mit à souffler. Puis le vent grossit, grossit. Salem tenait à peine sur ses pattes sous les rafales.

— Qu'est-ce qui se passe encore ? s'affola-t-il.

Il ferma les yeux. Peut-être que le sort le poursuivait toujours ? Si la jarre se brisait devant lui, il aurait l'air malin ! Et sa réponse, était-elle la bonne ?

Soudain, tout s'arrêta. La pièce retrouva son calme. La jarre était intacte. Les douze chats et la souris n'avaient pas bougé.

— Ouf ! On dirait que j'ai de la veine, cette fois !

18

L'énigme préférée de Sabrina

Quatre jours plus tard, Sabrina en riait encore.

— Comment on a pu être aussi bêtes ? Si des chats courent après une souris, c'est qu'ils ont faim ! S'ils ont faim, c'est que c'est l'heure de déjeuner !

— Tu trouves ça simple maintenant mais, il y a quelques jours, tu étais verte d'angoisse ! lui rappela Salem.

Depuis son exploit, il ne quittait plus son nouveau panier dans la cuisine. Zelda et Hilda se mettaient en quatre pour le chouchouter.

« On s'occupe de tout ! Repose-toi, ne bouge plus une patte ! » lui avaient-elles recommandé.

— Elles sont mal de m'avoir jeté dehors ! déclara Salem satisfait. Bien fait !

Sabrina aussi était soulagée que la vie ait repris comme avant. Enfin presque. Salem se montrait super-capricieux. Des bols de lait chaud à volonté ! Des boîtes de thon à toute heure ! Il n'arrêtait pas !

Cet après-midi-là, le chat la convoqua dans la cuisine.

— Tu as un truc à me dire ? s'enquit la jeune sorcière.

Salem s'éclaircit la gorge avant de déclarer :

— Oui. Je t'ai acheté un cadeau qui vient du musée. Par correspondance, évidemment.

Il lui tendit une jolie petite boîte.

— Tu n'aurais pas dû ! Vraiment ! s'écria Sabrina, ravie.

— Mais si, mais si ! D'abord, ce n'était pas cher, en plus j'ai des réductions grâce à ma carte de fidélité.

Sabrina éclata de rire :

— Tu n'en rates pas une, toi !

Elle ouvrit la jolie boîte : une broche en or représentant un petit chat apparut. Il ressemblait beaucoup à l'un des félins que Sabrina avait admirés pendant l'exposition.

— Oh, merci ! Il est adorable… Ouille !

— Quoi ? Qu'est-ce qui se passe ?

Sabrina lui montra son doigt où perlait une goutte de sang. Elle s'était piquée !

— Ne me dis pas que la poisse est revenue ? bégaya Salem.

Ils se regardèrent, très inquiets.

— Je crois que… commença Sabrina.

— Non ! Ne dis rien ! On ne sait jamais !

Il reprit la broche des mains de la jeune fille et la rangea dans sa boîte.

— Finalement, j'ai changé d'avis.

— Plus de cadeau ? fit Sabrina, déçue.

— Si ! Mais pas celui-là.

— Quoi alors ?

— Je te le dis si tu réponds à mon énigme : « Qu'est-ce qu'on achète par douze, qui est rouge et que tu adores ? »

— Des roses ! hurla Sabrina, folle de joie.

Dans la même collection :

Salem
le chat de Sabrina

1. Salem à la télé
2. Salem à l'école
3. Piégé dans l'Histoire !
4. Attention au sort !
5. Un après-midi de chien
6. Allô, Salem ?

Et pour les plus grands :

Sabrina
l'apprentie sorcière

1. Une rentrée pas ordinaire
2. Une rivale inattendue
3. Un Noël presque parfait
4. Un invité surprise
5. Un amour de sorcière
6. Un week-end très mouvementé
7. Une journée d'enfer
8. Un lundi hallucinant
9. Sabrina fait des mystères
10. Détective de choc !

Composition : Francisco *Compo*
61290 Longny-au-Perche

Imprimé en France sur Presse Offset par

BRODARD & TAUPIN

GROUPE CPI

La Flèche (Sarthe), le 16-10-2001
N° d'impression : 9930

Dépôt légal : juillet 2001

POCKET jeunesse 12, avenue d'Italie • 75627 PARIS Cedex 13
Tél. : 01.44.16.05.00